SV

Durs Grünbein
Rede zur Entgegennahme des
Georg-Büchner-Preises 1995

Sonderdruck
edition suhrkamp

Durs Grünbein
Den Körper zerbrechen
Rede zur
Entgegennahme des
Georg-Büchner-Preises
1995

Mit der Laudatio
Portrait des Künstlers
als junger Grenzhund
von Heiner Müller

Suhrkamp

edition suhrkamp
Sonderdruck
Erste Auflage 1995
© Suhrkamp Verlag Frankfurt am Main 1995
Erstausgabe
Alle Rechte vorbehalten, insbesondere das
des öffentlichen Vortrags
sowie der Übertragung durch Rundfunk und Fernsehen,
auch einzelner Teile.
Satz: Hümmer GmbH, Waldbüttelbrunn
Druck: Nomos Verlagsgesellschaft, Baden-Baden
Umschlagentwurf: Willy Fleckhaus
Printed in Germany

1 2 3 4 5 6 – ∞ 99 98 97 96 95

Inhalt

Durs Grünbein
Den Körper zerbrechen

Rede zur Verleihung des
Georg-Büchner-Preises 1995,
gehalten am 21. Oktober 1995 im
Staatstheater Darmstadt

Was haben die Schädelnerven der Wirbeltiere mit
Dichtung zu tun? Was sucht die vergleichende
Anatomie im Monolog des dramatischen Helden? Welcher Weg führt von der Kiemenhöhle
der Fische zur menschlichen Komödie, von
rhythmisierter Prosa zur Ausstülpung des Gehirns in den Gesichtsnerv? Seltsame Fragen, sie
allein zeigen an, wohin es führen mußte, wenn
Literatur sich auf das Reale einließ, wenn den Stil
das Naturstudium prägte, der zoologische Fakt
und das ärztliche Gutachten Einzug hielten in
Novelle und Drama ... bis das Genre gesprengt
lag, Fragmente die Folge, fieberhafte Notate, so-
matische Poesie. Einer der wenigen, die diese
Fragen hätten beantworten können, ist tot, jung
gestorben an Typhus, infiziert, wie man an-

nimmt, beim Aufschneiden von Fischpräparaten, ein Dichter, einzigartig, sein Name Georg Büchner. Ich gebe zu, daß mir die Knie gezittert haben bei dem Gedanken, aus solchem Anlaß über ihn sprechen zu müssen, jetzt ist es soweit, und ich versuche, ruhig Blut zu sein.

Denn es steht hier, zumindest aus meiner Sicht, mehr auf dem Spiel als die jährliche Visite eines unklassischen Klassikers. Es geht, denkt man Büchner zu Ende, um einen Wendepunkt in der Literatur, um eine Drehung der Perspektiven in genau dem Augenblick, da ein deutscher Philosoph ein Gespenst an die Wand malte. Und dieses Gespenst hieß *Der Tod der Kunst.*

Wenn der Urteilsspruch stimmt, dann war Büchner einer der ersten am Grab, dann ist sein Werk der früheste Kommentar zum eröffneten Testament. Büchner hat – und das ließe sich zeigen, ich will es hier nur behaupten – einen Ausfall gewagt, einen Befreiungsschlag in höchster Bedrängnis. Mit einem Salto mortale hat er die Dichtung von der Zumutung befreit, hinwegspielen zu müssen gleichermaßen über das elende Reale wie über das reale Elend. Was ihm gelang, war nichts Geringeres als eine vollständige Transformation: Physiologie aufgegangen in Dichtung. Und es war nicht ein Sonderweg, wie sich herausgestellt hat, es war der Anfang einer Versuchsreihe, die bis zum heutigen Tag fortgeführt wird. Faßt man Dichtung als eine eigene Sprache neben all den anderen Sprachen auf, dann wurde hier ein Großteil aller ihrer Beugungsformen modifiziert, zum Vorschein kam eine härtere Grammatik, ein kälterer Ton: das geeignete Werkzeug für die vom Herzen amputierte Intelligenz.

Es war ein langer Weg bis dahin, in Riesenschritten hat er ihn, am Druck der Verhältnisse stärker werdend, zurückgelegt, schneller parierend mit jedem Stück, weiter greifend mit jedem neuen Entwurf. *Dantons Tod*, der große Abschiedsgesang, auf mehrere Stimmen verteilt, die Phrase vom Stoßseufzer durchbohrt, Lebenshunger und Todessehnsucht verkörpert in zwei, drei unsterblichen Figuren. Oder *Lenz*, atemloser Bericht einer Selbstauflösung, ein Ich, das wie Wasserdampf im Gebirge zerstiebt. *Woyzeck*, der Kriminalfall als Krankengeschichte, mit einem Symptom so groß wie das ganze Kleinstaatendeutschland der Zeit. Wie beschämend für Spätere ist das Tempo, in dem er die Formen durcheilte. Es ist, als hätte er alle literarischen Genres schnell hinter sich bringen wollen, um sich ganz dem Naturstudium zu widmen … als sei nur hier Aufschluß zu erwarten gewesen über den wahren Antrieb, die Energien im Innern der Körper: Affekte, der Stoff, aus dem Geschichte gemacht ist. Jeder kennt die berühmten Zeilen und auch ihr Echo. »Wir müßten uns die Schädeldecken aufbrechen und die Gedanken einander aus den Hirnfasern zerren«, sagt Danton im Ersten Akt; und fällt sich im Zweiten Akt selbst ins Wort: »Es wurde ein Fehler gemacht, wie wir geschaffen worden, es fehlt uns was, ich habe keinen Namen dafür, wir werden es uns einander nicht aus den Eingeweiden herauswühlen, was sollen wir uns drum die Leiber aufbrechen?« Zwischen der einen und der anderen Äußerung tut sich ein Abgrund auf. Es ist der Abgrund, in dem die Körper verschwinden. In dem neuen, grausamen Licht, das von da unten heraufstrahlt, erscheint Geschichte als diese Zwischenzeit, in der das Letzte Tier dem Ersten Menschen begegnet: Er selbst ist dieses Letzte Tier. Im Aufklärungsdunkel, tief im Schlaf der Vernunft, in der immer wieder hereinbrechenden Gewissensnacht, hat Büchner es auftreten gesehn. Und manchmal schlug sein Erschrecken um in Gelächter, in monologischen Ingrimm.

Caravaggio hat die Szene festgehalten. Eine seiner flüchtigen Skizzen zeigt eine nächtliche Leichenöffnung: zwei Halbvermummte machen sich an dem leblosen Körper zu schaffen, im Licht einer Kerze, die aus dem aufgeschnittenen Bauch herausragt. Es ist eine Zeichnung in der Manier der Schauergeschichten, die der Mensch sich von seinem Ende erzählt. In ihrer Fieberhaftigkeit gleicht sie dem gedrängten Geschehen in Büchners Fragmenten.

Hier möchte ich innehalten . . . um hinzuweisen auf eines der Zentren in diesem Werk, das so viele Zentralstellen hat, die Germanistik kann ja ein Lied davon singen. Die Szene ist ein Studierzimmer in Straßburg, und darin sitzt ein junger Mann mit sehr hoher Stirn, über Bücher, Lupen und tote Fische gebeugt. Ein Vierteljahr lang kommt er nicht aus den engen vier Wänden. Sezierend und zeichnend verbringt er den vorletzten Winter, das vorletzte Frühjahr seines Lebens an seiner Dissertation, halbtot von Arbeit, getrieben von der Aussicht auf eine Privatdozentur, die dem politischen Flüchtling das sichere Schweizer Exil verhieß. Aus der kleinen Schrift, die in diesen Wochen entsteht, einer Studie zum Kopfnervensystem der Barben, wird später die Zürcher Probevorlesung mit dem schlichten Titel *Über Schädelnerven*. Ich habe sie immer als Bruchstück einer Konfession gelesen, als eine Art literarisches Manifest. Läßt man einmal alle zeitbedingten Hypothesen beiseite, von denen einige bald überholt waren, so fällt daran sofort die Akribie auf, mit der er den einzelnen Nerv isoliert und in Augenschein nimmt. Liegt nicht darin, bei einem Dichter von seinem Format, mehr als nur zufälliges Zusammentreffen, eine wichtige Spur vielleicht, der Ansatz zu einer Verästelung ins ganze Werk? Ohne den Riß zwischen Dichtung und Naturkunde bei Büchner verdecken zu wollen, ohne sein Menschenbild zu reduzieren auf zwei, drei zoologische Annahmen -- der Gegenstand selbst spricht dafür, daß er hier Aufschluß suchte, gerade hier, über etwas, das der ganzen kreatürlichen Existenz ihre Richtung gab. Kaum anders ist sein Beharren auf dem sensorischen Apparat zu begreifen. Büchner geht biologisch dem nach, was literarisch längst untergründig *sensible Wurzeln* getrieben hatte in ihm.

Was ist ein Nerv, fragt er sich. Wohin verläuft er, und wo läuft er zusammen? Wozu hat er sich stammesgeschichtlich entwickelt? Gibt es nervliche Grundformen, die immer wiederkehren, von Tierklasse zu Tierklasse, in verschiedener Anordnung, aber gleichen Ursprungs? Was bedeutet dieser Bau für das animalische Empfinden, den Schmerz und die Todesangst ... von der es einmal bei ihm heißt: »Man sagt zwar, es sei nur ein Augenblick, aber der Schmerz hat ein feineres Zeitmaß, er zerlegt eine Tertie.« Und schließlich: was ist der Körper, denkt man ihn vom Nerv her? Was ist Geschichte, denkt man sie vom solcherart objektivierten Körper her? Dies sind die Fragen, zu denen Obduktion ihn geführt haben mag. Und dies sind auch die Fragen, unter denen bis heute sich Einspruch erheben läßt gegen noch jede Art von Gesellschaftsvertrag, von sozialer Reform, Revolution oder Utopie. Von hier aus erhält Büchners vielleicht verzweifeltste Frage erst ihren radikalen Sinn. »Sind wir denn aber nicht in einem ewigen Gewaltzustand?«

Wohlgemerkt, nicht, daß er sich forschend

einläßt auf die Naturphilosophie seiner Zeit, macht den Vorgang bedeutsam, sondern daß er dem Nerv das Primat zuspricht, den Körper zur letzten Instanz erklärt. Hier ist ein Dichter, der seine Prinzipien der Physiologie abgewinnt wie andere vor ihm der Religion oder der Ethik. Aus der reinen Zootomie befreit er die Einsicht, daß Leben sich selbst genug ist und keinen äußeren oder höheren Zwecken gehorcht.

»Alles, was ist, ist um seiner selbst willen da.«

Aus dem geöffneten Körper, dem (gewaltsam) erbrochenen Schädel, liest er, absurd genug, die Grundsätze für ein mögliches freies Zusammenleben ... sowie ihre immer drohende Negation: das Scheitern von Grund auf und aus den Eingeweiden. Denn Autopsie ist der sicherste Weg zum Verlust des Glaubens oder, wem das nicht ausreicht, zur Befestigung des Unglaubens. Das Zerlegen der Körper ist der Königsweg zum Absurden genauso wie zur äußersten pragmatischen Demut. Wo sonst als im Innern der sterblichen Körper wäre die Gleichheit unmittelbarer mit Händen zu greifen, der gemeinsame Grundriß? Und folgt nicht aus solcher Eingeweideschau zuletzt auch etwas so Unerhörtes und Schlüssiges wie die Erfindung, die Proklamation universeller Menschenrechte? Büchner, der Arztsohn, hat die Gesellschaft von dorther zu korrigieren versucht. Vielleicht ist seine politische Leidenschaft ja nichts als ein wiederbelebter Fatalismus gewesen, eine Selbstermunterung, vergleichbar den Experimenten Galvanis, der die herausgerissenen Froschschenkel mit Stromstößen traktierte. Seine große Frage, ob unsere Sinne zu grob oder fein genug sind, bleibt offen. An ihr entscheidet sich, ob in der Schöpfung nur die Webfehler sichtbar werden oder auch die organischen Schönheiten ... ob es ein freies Eigenleben inmitten der anderen gibt oder nur undurchschaubares Begehren, Gewalt und Einsamkeit unter dicker Haut. Francis Bacon kam, ein Jahrhundert später, mit anderen Augen zur selben Einsicht. Im Gespräch hat er, der Maler, sie flüchtig zusammengefaßt, in einem Satz wie von Büchner: »Im tiefsten Grunde ist man seiner Natur nach ohne Hoffnung, und doch besteht das Nervensystem wohl aus optimistischem Zeug.«

Georg Büchner hat dieses Zeug untersucht, immer wieder hat er das nervliche Innenfutter gewendet und im gesprochenen Wort, im gefrorenen Schockmoment aufblitzen lassen. Die neuen, dramatischen Antriebskräfte erscheinen im Licht medizinischer Mikroskopie, es sind Erkundungsgänge ins Vegetative, Fallstudien am lebenden Objekt und en détail. Unter der Schrift arbeitet der Nerv, hinter dem Mienenspiel walten die Affekte, und nur dort, im Körper der umhergestoßenen, andere umherstoßenden Protagonisten, lassen sich die Antriebskräfte lokalisieren, nach denen Geschichte und Geschichten plausibel erscheinen. Büchner hat die Risse, die durch den einzelnen gingen, früh und keineswegs kalt registriert. Er hat dieses lügende, stehlende, mordende Individuum als erster mit diagnostischen Interessen betrachtet, hundert Jahre vor den großen bürgerlichen Katastrophen und lange bevor es bei Kafka, operettenhaft und vergeblich, in Seufzern verabschiedet wurde: »Ergründe die Menschennatur!«

Schon der Primaner hatte dem Vater im Hospital beim Sezieren zugesehen. Mit achtzehn ist er in Gießen Student für vergleichende Anatomie und Psychopathologie, gewöhnt an den täglichen Umgang mit Leichen. Früh reagiert er sich ab in sarkastischen Sprüchen. Im Freundeskreis, brieflich, grüßt er von Kadaver zu Kadaver. *Dantons Tod*, geschrieben fünfzig Jahre nach der Französischen Revolution, Auswurf der Dokumente, wächst unmittelbar zwischen Zoologiebüchern und anatomischen Atlanten hervor. Es ist der Abschlußbericht einer Krankheit zum Tode. Die originalen Zitate aus den Standardwerken zur Revolution werden wie Transplantate dem eigenen Dramentext einverleibt. An den Geweberändern will das Blut nicht gerinnen. Wie abgehackte Glieder zucken die Phrasen der toten Helden weiter im Bühnenstaub. So entsteht sein an Shakespeare geschulter, medizinisch geprägter, von jugendlicher Vanitas süßer Jargon. Gutzkow bescheinigt ihm ein *Autopsie-Bedürfnis*, das er aus allem herausliest.

Der tätige, sammelnde Ordnungsgeist war auf Grund gelaufen, die Beschleunigung hatte begonnen. Was Goethe den *gebührenden Euphemismus* nannte, fehlt bei ihm völlig. Die Sprache beschönigt nichts mehr, sie ist genauso zerrissen und nervlich angespannt wie die Lage, aus der sie sich strauchelnd erhebt. Psychomotorik bestimmt nun den Handlungsablauf: die

Schaubude als moralische Anstalt ist geschlossen, eröffnet ist das Theater der Anatomie.

Goethe, der Humanist, mochte noch Knochen sammeln beim Gang übers Schlachtfeld, Material für seine osteologischen Studien. Der Reisebericht zur *Campagne in Frankreich* verschweigt es geflissentlich. Jahrzehnte später hielt er Schillers Totenschädel in Händen, so enden die humanistischen Träume, in Terzinen, bei Betrachtung der Überreste des Freundes, als kannibalischer Abgesang. Büchner hat ihnen zugehört bis in die unfreiwilligen Nebengeräusche, das Kratzen, das aus dem regelmäßigen Versbau drang. Von David, dem Historienmaler, heißt es, er hätte die Zuckungen der Sterbenden studiert, im Interesse des graphischen Realismus. Der Henker Sanson beschreibt in seinem Tagebuch, wie unterwegs zur Guillotine der Karren an einem Café vorbeikommt, in dem der Bürger David auf einer Fensterbank saß und die Verurteilten zeichnete. Büchner hält sich, und nicht nur zum Studienzweck, am einzelnen Nerv fest. Man spürt, wie ein Ruck durch die Metaphern gegangen ist. Ein für allemal sind sie aus ihren künstlichen Halterungen gelöst: Ende der Spiegelfechterei und des Automatengeklingels. Der *Riesenarbeit der Idealisierung*, die Schiller noch glaubte leisten zu müssen, setzt Büchner seinen anthropologischen Realismus entgegen. Von jetzt an zählt nur noch, was in der *Körperwelt* abläuft, in jener Welt, die für St. Just brachial, das heißt mit den Armen regiert wird, mit Terror und Massenmord. In ihr sieht Büchner die neuen Leiden gehäuft, hinter ihren Gewalten die künftigen Naturgesetze verborgen. Seine Landschaften sind von Anfang an jene *Schädelstätten des Geistes*, von denen Hegel sprach, aus der Vogelperspektive des Philosophen. Noch dort, wo er, gut hegelianisch, das Wort vom Weltgeist aufnimmt, der sich seinen Weg durch die Gesellschaft bahnt, verharrt er zuerst vor den Leichenbergen, die am Wegrand zurückblieben. Keine Demokratie ohne ihre barbarischen Episoden, aus keiner Verfassung mehr wegzudenken sind die zerstückelten Leiber. »Geht einmal Euren Phrasen nach«, sagt Mercier, »bis zu dem Punkt, wo sie verkörpert werden.« Und Danton pflichtet ihm bei: »Man arbeitet heut zu Tag Alles in Menschenfleisch. Das ist der Fluch unserer Zeit. Mein Leib wird jetzt auch verbraucht.« Daß sie tief einschneiden ins Fleisch, daß sie die Leiber zermalmt am

Wegrand zurücklassen, das ist es, was Geschichte und Revolution so weit von jeder Erlösung entfernt. Und deshalb ist jeder Gesellschaftsentwurf wertlos, wenn er nicht auch das Bewußtsein von der Zerbrechlichkeit dieser traurigen Körper einschließt. Mag sein, daß die Utopien mit der Seele gesucht werden, ausgetragen werden sie auf den Knochen zerschundener Körper, bezahlt mit den Biographien derer, die mitgeschleift werden ins jeweils nächste häßliche Paradies.

Brecht hat, im *Untergang des Egoisten Fatzer*, das vorläufige Ende der Entwicklung, pünktlich bevor die serienmäßige Tötung zur Fabrikreife gelangte, festgehalten: die Reduktion des Körpers aufs bloße Verschleißmaterial. Im Ersten Weltkrieg, als die Woyzecks millionenfach in den Schützengräben krepierten, schreibt ein Deserteur in Mühlheim an die Wand seine neue Rechnung. Was ist ein Toter? »... 170 Pfund kaltes Fleisch, 4 Eimer Wasser, 1 Beutel voll Salz.«

Zurück in der Gegenwart, schließe ich schnell und einfach, mit einer letzten Szene. Als ich am Abend des siebten Oktober 1989 in Berlin, am ersten Tag einer Demonstrationswelle, die das andere Deutschland hinwegspülte, aus der ersten Euphorie erwachte, fand ich mich staunend vor einer ungeheuren Maschine wieder. Auf dem Mittelstreifen einer der typischen Kolossalstraßen der Innenstadt (angelegt nach dem Muster postrevolutionärer Stadtplanung wie die Pariser Boulevards oder die Moskauer Prospekte als reine Durchmarschzonen für Militär oder Polizei) stand da, aus dem Nichts aufgetaucht oder aus einem der unterirdischen Fahrzeugbunker, ein russischer Panzer. Sein Geschützturm, bemalt mit den Emblemen der Nationalen Volksarmee, war eingedreht, die Kanone zeigte über die Fahrbahn hinweg in Richtung Alexanderplatz. Ich weiß nicht mehr, war es das Tonnenschwere seiner Erscheinung, war es die (asiatische) Ferne, über die er so leicht zu gebieten schien: plötzlich hatte ich, ein heimkehrender Schlachtenbummler, weit hinter den andern zurückgeblieben, den Wunsch, mich niederzulassen dort im Schatten des Panzers, an seine stählernen Ketten und Räder gelehnt, minutenlang mit geschlossenen Augen. Das drohende Fahrzeug, die Maschine der Bürgerkriege, hatte ein uraltes Schlafbedürfnis in mir geweckt. Bis hierher war der Körper gekommen, nun suchte er Ruhe, eine Pause im Fortgang. Er hatte genug von alldem, genug von den Straßen breit wie Landebahnen, von Friedensplätzen und Todesstreifen, genug von Morgenappell und windschiefen Plattenbauten, von Sicherheitswahn und urbaner Monotonie, genug der konditionierten Regungen und der einfältigen Sprachen, endlich genug dieser langen sozialistischen Dämmerung, der Lethargie einer ganzen Landschaft, in die er durch Zufall hineingeraten war wie in eine riesige Falle. Ausruhn wollte er, abschalten von Ost *und* West, von der unseligen Verklammerung des Gespaltenen aller Verhältnisse und Gehirne, sich schlafen legen inmitten des Minenfelds, vergessen die Ohnmacht, die physiologische Diktatur und die jahrelange kollektive Erniedrigung ... einschlafen, um die Beleidigungen des Intellekts zu vergessen, einen Augenblick Frieden finden, angelehnt an dieses schwere Kettenfahrzeug, das dort wie unbemannt dastand. Es war der Körper, der sich hier, *vor* allen Worten, wie in der Anwandlung des Kleinkinds, seiner Erschöpfung hingeben wollte: etwas, das länger ausgeharrt hatte, beklemmender eingezwängt als die immerfort fluchtbereiten Gedanken. Es war, als hätte ich, im Rücken den Panzer, dieses eine Mal die Geschichte verschlafen wollen, minutenlang, bevor alles in Fahrt kam, den Körper vergessend in einem traumlosen Schlaf.

Ich danke der Darmstädter Akademie für einen Preis, dem ich schwer widersprechen konnte und den ich doch (so viel liegt noch vor mir) lieber in anderen Händen wüßte, verliehen für ein ganzes, ein Lebenswerk. Büchners Sterbealter kann mir kaum Trost sein und noch viel weniger Alibi. An ihn denkend, sehe ich keinen meiner sonstigen Ahnen, ich sehe die einzigartige meteorhafte Erscheinung: den jungen Dichter als Sphinx.

Heiner Müller
Portrait des Künstlers als junger Grenzhund

Die Texte von Durs Grünbein liegen nicht, nach Goethes Definition von Kunstwerk, wie Kühe auf der Weide. Eher gleichen sie den Tieren, vielleicht sind es Maschinen, die Kafka gegen die Schöpfung gestellt hat, Odradek zum Beispiel: »Es sieht zunächst aus wie eine flache sternartige Zwirnspule, und tatsächlich scheint es auch mit Zwirn bezogen; allerdings dürften es nur abgerissene, alte, aneinander geknotete, aber auch ineinander verfilzte Zwirnstücke von verschiedenster Art und Farbe sein. Es ist aber nicht nur eine Spule, sondern aus der Mitte des Sternes kommt ein kleines Querstäbchen hervor, und an dieses Stäbchen fügt sich dann im rechten Winkel noch eines. Mit Hilfe dieses letzteren Stäbchens auf der einen Seite, und einer der Ausstrahlungen des Sternes auf der anderen Seite, kann das Ganze wie auf zwei Beinen aufrecht stehen. Man wäre versucht zu glauben, dieses

Gebilde hätte früher irgendwie zweckmäßige Form gehabt, und jetzt sei es nur zerbrochen. Dies scheint aber nicht der Fall zu sein ...« Sie funktionieren nach Gesetzen, die für Individuen nicht mehr, sondern nur noch für Kollektive gelten, oder für Maschinen, die das Kollektiv ablösen, das ihre Voraussetzung war. In Grünbeins Gedicht ist eine Generationserfahrung Form geworden, die sich bislang eher als Verweigerung von Form artikuliert hat. Es ist die Generation der Untoten des kalten Kriegs, die Geschichte nicht mehr als Sinngebung des Sinnlosen durch Ideologie, sondern nur noch als sinnlos begreifen kann. (Disko und sinnlos sind, in sächsischer Aussprache, die zwei Hauptworte in Erich Loests Romanreportage ES GEHT SEINEN GANG über die Befindlichkeit der Jugend im Leipzig der DDR-Endzeit.) Eine Form, die das landläufig Poetische ausschließt. Grünbeins Portrait des Künstlers als junger Grenzhund denunziert Goethes Parzenlied. Eine Erfahrung, die im Blitzlicht von Kafkas »Prozeß« ebenso zu Hause ist wie im »Schatten« Edgar Allan Poes. Poes Erzählung SCHATTEN schließt mit der Beschreibung der Stimme des Protagonisten: »... denn die Töne der Stimme des Schattens waren nicht die Töne der Stimme eines einzelnen Wesens; sondern von einer Vielheit von Wesen; und ihre Kadenzen, verschieden von Silbe zu Silbe, schallten uns unklar im Ohr, gleich den gewohnten und wohlvertrauten Akzenten von so vielen Tausenden abgeschiedener Freunde.« Das Motto der Erzählung ist ein Psalm Davids: »Ob ich schon wandere im Tal der Schatten«, und der erste Satz lautet: »Ihr, die ihr lest, weilt noch unter den Lebenden ...« Insofern hat Durs Grünbein recht, wenn er im »Spiegel«-Verhör auch noch den Schatten einer Prägung durch das glücklose Experiment DDR bestreitet. In den Höhlen der Vampire ist Leugnen ohnehin ein Menschenrecht, und Grünbeins Erfahrung ist an Geographie nicht festzumachen. Die Bilder wechseln, und die Fremdheit bleibt. Diese Generation hat kein Vaterland und keine Muttersprache. Für sie gilt der Brechtsatz: »Die Situationen sind die Mütter der Menschen.« Sie schreibt eine Literatur, die sich selbst übersetzt, ihre Muse der Computer, die Aura der Preis der Erfahrung. Vergleiche mit Vorläufern in scheinbar ähnlicher Schreiblage führen ins Gestrüpp, wo die Mörder ihre Opfer ablegen, oder auf den Friedhof, wo in Reih und Glied die

Toten ruhn. Die Grüße von Lord Chandos registriert kein Faxgerät, Briefe werden nicht mehr geschrieben, und es ist keine Koketterie, wenn Grünbein behauptet, daß Juvenal ihm nähersteht, der Autor einer andern Endzeit mit dem kalten Blick auf einen barbarischen Neubeginn, auf die teuren Toten und die billigen Tode. Nach dem Verschwinden der Mütter das Trauma der zweiten Geburt. Der Ichverlust im Spiegel, genauer: der Zerfall des Ich in Spiegelscherben, die es als Mauerkrone verwenden kann oder zur Öffnung von Adern. Die Verszeile »Und was ich sah war mehr als ich ertrug« formuliert das Trauma. Die Zeile ist kursiv gesetzt, vielleicht ein Zitat, den Rang eines Autors bestimmt auch die Qualität der Zitate, die sein Text integrieren kann. Der Blick ist lidlos. Es ist nicht nur ein Glück, niemandes Schlaf zu sein, unter wieviel Lidern immer. »Die Steine dürfen sich ändern, aber du darfst dich nicht ändern«, lautet das Codewort, das die Pforten der Hölle aufschließt. Russische Geologen haben bei Bohrungen in Sibirien in 8000 Metern Tiefe das Geschrei der Verdammten gehört. Der Teufel sprach Russisch, nicht, wie Bulgakow noch geglaubt hat, Italienisch mit russischem Akzent, aber wir sind nicht aus dem Auge des Todes, wenn wir die ost-europäische Erfahrung zu den Akten legen, und der Teufel ist sprachbegabt.

Was ist das Ungemütliche an den Texten von Durs Grünbein, das seine Lobredner blendet und seine Kritiker verstört? Seine Bilder sind Röntgenbilder, seine Gedichte Schatten von Gedichten, aufs Papier geworfen wie vom Atomblitz. Das Geheimnis seiner Produktivität ist die Unersättlichkeit seiner Neugier auf die Katastrophen, die das Jahrhundert im Angebot hat, unter den Sternen wie unter dem Mikro-skop. Eine Frau sagte mir, nach der Lektüre eines Gedichts von Durs Grünbein: »Das muß ich in fünfzig Jahren noch einmal lesen.« Ich wollte, ich könnte das. Daß schon wieder der Zufall einer Hochbegabung den Traum der Avantgarden vom Verschwinden der Künstler in ihre Produkte stört, der Maler, der in sein Bild geht, der Schreiber im Delirium der Schrift, sollte uns nicht in Trauer stürzen.

Ich gratuliere der Darmstädter Akademie zu ihrer Wahl des Büchnerpreisträgers 1995 und wünsche Durs Grünbein ein Jahr ohne Kritiker, Lobredner und Leser.

Durs Grünbein
Kurzer Bericht an eine Akademie

*(Vorstellung bei der Aufnahme in die Deutsche
Akademie für Sprache und Dichtung in Darmstadt,
vorgetragen am 20. Oktober 1995 in der Orangerie
Darmstadt)*

Wie stellt man jemanden vor, den man nur flüchtig kennt? Mir hat nie eingeleuchtet, warum einem ausgerechnet diese eine Person, nur weil sie immer im Weg stand, bekannt sein müßte. So kann ich bis heute nur sagen, daß ich am neunten Oktober 1962 in Dresden geboren wurde und nachher dort aufwuchs, als einziges Kind junger Eltern.

Vater und Mutter waren 22, als ich mit dem üblichen Geschrei eines Nachmittags aufdringlich zum Vorschein kam, traumatisiert von der Geburt genauso wie jeder andere. Bei dem französischen Dichter Jean-Jouve fand ich Jahrzehnte später ein Gedicht, das mir noch einmal den Schock in Erinnerung rief. *Ich sah eine Lache grünen Öles / Ausgeflossen aus einer Maschine, und dachte lange / Auf dem heißen Pflaster*

des verworfenen Viertels / Lange, lange an das
Blut meiner Mutter.

Was darauf folgte, war eine fröhlich durchlebte Provinzkindheit, wobei mir recht bald der Akzent auf *durchlebte* zu liegen kam, das heißt, die Sache war schneller vorbei als gedacht, und bis heute läßt mich die Gewißheit nicht los, daß in die ausgestreckten Arme, die das Leben umfassen wollen, sofort der Wind fährt und einen weitertreibt, mit dem Rücken zur Zukunft, und eine Lebensphase ist immer großartiger als die vorige, und somit wächst bald ins unendliche das Verlustgefühl. Kein Trost kann für mich demnach das Ende sein, nur eine Grenze in diesem infinitesimalen Glück.

Die Provinz hieß übrigens Sachsen, eine alte Kulturlandschaft, aschgrau geworden, darin ein Brandherd von städtischem Ausmaß oder was nach dem Krieg übriggeblieben war von einer Stadt namens Dresden. All meine Bildung in ihr, die Schuljahre und Bibliotheksstunden, das Abitur und die langen Wanderungen, hat schließlich nur zu dem einen, leicht rachsüchtigen Fazit geführt. In einem Abschiedsgedicht sah ich die Stadt als das, was sie war, ein *Barockwrack an der Elbe.*

So blieb der frühe Wunsch, Indianer zu werden, eine Anfälligkeit für das Nomadische, die schon so viele Sachsen verbunden hat . . . ebenso wie der Drang zur Hochstapelei, die das Fortleben der Träume sichert, bis hinein in die Niederungen des Erwachsenenlebens. Als aus den Träumen nichts wurde (sich im Jahrhundert zu irren ist typisch für Leute aus diesem Landstrich), wollte ich Tierarzt werden, mit Afrika als neuem Schauplatz für mein Berufsziel. Doch die Realität eines Alltags als Veterinärmediziner, im Beratungsgespräch drastisch ausgemalt, hatte mich so sehr erschreckt, daß ich enttäuscht davon Abstand nahm; die Serengeti mußte ohne mich sterben.

Es kam, wie es kommen mußte, ich blieb in der Enge, im Schatten einer Chinesischen Mauer, territorial eingeschränkt auf einen Raum, der nur wenig größer und für Fremde kaum weniger unheimlich war als etwa Albanien. Und eines Tages, urplötzlich und unangekündigt, begann ich Gedichte zu schreiben, wie jemand, der sich einer eigenen Sache zuwendet, nachdem er gemerkt hat, daß die aller anderen ganz gut ohne ihn auskommt. Novalis und Hölderlin sind die ersten Ahnen gewesen – des einen *Blütenstaub* und der verstörende Lockruf seiner *Hymnen an die Nacht*, des andern *Gebet für die Unheilbaren*, sein verwüsteter Götterspielplatz. *Wie Bäche reißt das Ende von Etwas mich hin, welches sich wie Asien ausdehnet* ... Zeilen wie diese überrollten mich, bevor ein Verständnis sie auffangen konnte. Mit siebzehn lieh mir ein Freund ein zerfledertes Taschenbuch der Cantos von Ezra Pound, und damit nahm das Unheil erst seinen Lauf. Seither schreibe ich in einer Erwartung, die gleichzeitig rückwärts- und vorwärtsgewandt ist, und dieser unmögliche Zustand, einige Atemlängen zwischen Antike und X, läßt sich nur aushalten, indem ich mich langsam und zeilenweise meiner Stimme vergewissere, dieses Körpers und dessen, was sich im Innenohr fing.

Eines Tages, und es war nicht im Traum, stellte ich mir meine zeitliche Lage paradox als die eines Schwimmers vor, eines Schwimmers im Rückstrom, der aus der Zukunft kommt.

Kein Wunder also, daß mir vieles nur Anlaß wurde, Sensation und persönliches Chronogramm. Immer seltener kam es mir in den Sinn, gegen das Zeitgeschehen Einspruch zu erheben, seit das Begreifen und Deuten mir mehr abverlangte als jedes Meinen und Handeln. Ich habe, sosehr es mich manchmal beschämt, den Zerfall der Diktaturen im Osten tatsächlich als einen Zerfall erfahren, das heißt grundsätzlich passiv, als politloser Tagedieb, wenn auch mit gelegentlich amüsierter Teilnahme an Kritik und Demonstration. So überwältigend als Erlebnis der Untergang des Sozialistischen Reiches war, ergiebig wurde er für mich erst fünf Jahre später während eines Italienaufenthalts, beim Besuch der Ausgrabungsstätten von Herculaneum und Pompeji. Erst dort sah ich die Wirkung dieser gewaltigen Detonation Zeit, sah das verzögerte Niederregnen der zivilisatorischen Splitter und in der berühmten Katastrophe, in Gegenwart des Vulkans, den Beweis für eine Art gedächtnisloses Gedächtnis ... *deus absconditus* oder wie immer man es noch nennen will. Dichtung, das hatte ich lange geahnt, würde ihm auf die Spur kommen, wozu sonst war sie da. Im *Haus der Verkohlten Möbel* ließ es sich innehalten, für Stunden war alle historische Bewegung aufgehoben, beruhigt vor den Wandgemälden in der Mysterienvilla. In diesen kleinen, oft nur schweinestallgroßen Räumen mit ihren hingekritzelten Dichterzitaten und dekorativen Malereien fand ich mehr Aufschluß über mein

Leben als in allen den Klassenzimmern, Kasernenfluren und Mansarden, an die ich zurückdenken mußte. Damals, beim Anblick des anonymen Freskos mit der Darstellung von Traum und Geburt, den Verstrickungen von Geschlecht und Wissen, Lebensaltern und Jahreszeiten ... leuchtete auf, worum es im Schreiben vielleicht, durch alle Aktualität hindurch, gehen könnte. Daß die Motive sich alle, wie im Mysterienfries von Pompeji, wieder versammelten vor Kalliopes Thron, hat mich unendlich ermutigt.

Seit dem entscheidenden Jahr 1989 bin ich auf Reisen. Berlin, die Stadt, in der ich seit zehn Jahren wohne, ist der Transitraum, von dem aus ich den verschiedenen Einladungen folge, es könnte ebensogut auch New York sein, ihr Gegenüber und mein Metropolis seit frühesten Tagen. Ich habe ein Studium abgebrochen und längere Zeit im Theater gearbeitet, bevor es, durch einen Zufall vielleicht, zum ersten Buch kam. Bis heute kann ich nur mit einer gewissen Nervosität zurückdenken an die besondere Wendung, die seither alles in meinem Leben nahm.

Zum Schluß noch, um Mißverständnissen vorzubeugen, eine Art eidesstattlicher Erklärung. Mein Name, so voraussetzungslos seltsam er scheint, ist kein artistischer Einfall. Es ist genau der Name, den das bürgerliche Familienrecht und der Eigensinn meiner Eltern mir nicht ersparen wollten. Daß es Ihnen in den Sinn kam, ihn unter die Namen der Mitglieder dieser Akademie einzureihen, ermutigt mich wie ein Zuruf von unerwarteter Seite. Ich danke Ihnen dafür.

G. Büchner
Über Schädelnerven

Probevorlesung in Zürich 1836[*]

Hochgeachtete Zuhörer!

... Es treten uns auf dem Gebiete der physiologischen und anatomischen Wissenschaften zwei sich gegenüberstehende Grundansichten entgegen, die sogar ein nationelles Gepräge tragen, indem die eine in England und Frankreich, die andere in Deutschland überwiegt. Die erste betrachtet alle Erscheinungen des organischen Lebens vom *teleologischen* Standpunkt aus; sie findet die Lösung des Rätsels in dem Zweck, der Wirkung, in dem Nutzen der Verrichtung eines Organs. Sie kennt das Individuum nur als etwas, das einen Zweck außer sich erreichen soll, und nur in seiner Bestrebung, sich der Außenwelt gegenüber teils als Individuum, teils als Art zu behaupten. Jeder Organismus ist für sie eine verwickelte Maschine, mit den künstlichen Mitteln versehen, sich bis auf einen gewissen Punkt zu erhalten. Das Enthüllen der schönsten und reinsten Formen im Menschen, die

[*] Textfassung nach der Ausgabe des Insel Verlages. Werke und Briefe in zwei Bänchen, Frankfurt am Main 1958 ff.

Vollkommenheit der edelsten Organe, in denen die Psyche fast den Stoff zu durchbrechen und sich hinter den leichtesten Schleiern zu bewegen scheint, ist für sie nur das Maximum einer solchen Maschine. Sie macht den Schädel zu einem künstlichen Gewölbe mit Strebepfeilern, bestimmt, seinen Bewohner, das Gehirn, zu schützen, – Wangen und Lippen zu einem Kau- und Respirationsapparat, – das Auge zu einem komplizierten Glase, – die Augenlider und Wimpern zu dessen Vorhängen; – ja die Träne ist nur der Wassertropfen, welcher es feucht erhält. Man sieht, es ist ein weiter Sprung von da bis zu dem Enthusiasmus, mit dem Lavater sich glücklich preist, daß er von so was Göttlichem wie den Lippen reden dürfe.

Die teleologische Methode bewegt sich in einem ewigen Zirkel, indem sie die Wirkungen der Organe als Zwecke voraussetzt. Sie sagt zum Beispiel: Soll das Auge seine Funktion versehen, so muß die Hornhaut feucht erhalten werden, und somit ist eine Tränendrüse nötig. Diese ist also vorhanden, damit das Auge feucht erhalten werde, und somit ist das Auftreten dieses Organs erklärt; es gibt nichts weiter zu fragen. Die entgegengesetzte Ansicht sagt dagegen: die Tränendrüse ist nicht da, damit das Auge feucht werde, sondern das Auge wird feucht, weil eine Tränendrüse da ist, oder, um ein anderes Beispiel zu geben, wir haben nicht Hände, damit wir greifen können, sondern wir greifen, weil wir Hände haben. Die größtmöglichste Zweckmäßigkeit ist das einzige Gesetz der teleologischen Methode; nun fragt man aber natürlich nach dem Zwecke dieses Zweckes, und so macht sie auch ebenso natürlich bei jeder Frage einen progressus in infinitum.

Die Natur handelt nicht nach Zwecken, sie reibt sich nicht in einer unendlichen Reihe von Zwekken auf, von denen der eine den anderen bedingt; sondern sie ist in allen ihren Äußerungen sich unmittelbar selbst genug. Alles, was ist, ist um seiner selbst willen da. Das Gesetz dieses Seins zu suchen, ist das Ziel der der teleologischen gegenüberstehenden Ansicht, die ich die *philosophische* nennen will. Alles, was für *jene* Zweck ist, wird für *diese* Wirkung. Wo die teleologische Schule mit ihrer Antwort fertig ist, fängt die Frage für die philosophische an. Diese Frage, die uns auf allen Punkten anredet, kann ihre Antwort nur in einem Grundgesetze für die gesamte Organisation finden, und so wird für die philosophische Methode das ganze körperliche Dasein des Individuums nicht zu seiner eigenen Erhaltung aufgebracht, sondern es wird die Manifestation eines Urgesetzes, eines Gesetzes der Schönheit, das nach den einfachsten Rissen und Linien die höchsten und reinsten Formen hervorbringt. Alles, Form und Stoff, ist für sie an dies Gesetz gebunden. Alle Funktionen sind Wirkung desselben; sie werden durch keine äußeren Zwecke bestimmt, und ihr sogenanntes zweckmäßiges Aufeinander- und Zusammenwirken ist nichts weiter als die notwendige Harmonie in den Äußerungen eines und desselben Gesetzes, dessen Wirkungen sich natürlich nicht gegenseitig zerstören.

Die Frage nach einem solchen Gesetze führte von selbst zu den Quellen der Erkenntnis, aus denen der Enthusiasmus des absoluten Wissens sich von je berauscht hat, der Anschauung des Mystikers und dem Dogmatismus der Vernunftphilosophen. Daß es bis jetzt gelungen sei, zwischen letzterem und dem Naturleben, das wir unmittelbar wahrnehmen, eine Brücke zu schlagen, muß die Kritik verneinen. Die Philosophie a priori sitzt noch in einer trostlosen Wüste; sie hat einen weiten Weg zwischen sich und dem frischen grünen Leben, und es ist eine große Frage, ob sie ihn je zurücklegen wird. Bei den geistreichen Versuchen, die sie gemacht hat, weiter zu kommen, muß sie sich mit der Resignation begnügen, bei dem Streben handle es sich nicht um die Erreichung des Ziels, sondern um das Streben selbst.

War nun auch nichts absolut Befriedigendes erreicht, so genügte doch der Sinn dieser Bestrebungen, dem Naturstudium eine andere Gestalt zu geben; und hatte man auch die Quelle nicht gefunden, so hörte man doch an vielen Stellen den Strom in der Tiefe rauschen, und an manchen Orten sprang das Wasser frisch und hell auf. Namentlich erfreuten sich die Botanik und Zoologie, die Physiologie und vergleichende Anatomie eines bedeutenden Fortschritts. In einem ungeheuren, durch den Fleiß von Jahrhunderten zusammengeschleppten Material, das kaum unter die Ordnung eines Katloges gebracht war, bildeten sich einfache, natürliche Gruppen; ein Gewirr seltsamer Formen unter den abenteuerlichsten Namen löste sich im schönsten Ebenmaß auf; eine Masse Dinge, die sonst nur als getrennte, weit auseinander liegende Facta das Gedächtnis beschweren, rückten zusammen, entwickelten sich auseinander oder stellten sich in Gegensätzen gegenüber. Hat man auch nichts Ganzes erreicht, so kamen doch zusammenhängende Strecken zum Vorschein, und das Auge, das an einer Unzahl von Tatsachen ermüdet, ruht mit Wohlgefallen auf so schönen Stellen wie die Metamorphose der Pflanze aus dem Blatt, die Ableitung des Skeletts aus der Wirbelform, die Metamorphose, ja die Metempsychose des Fötus während des Fruchtlebens, die Repräsentationsidee Okens in der Klassifikation des Tierreichs u. dgl. m. In der vergleichenden Anatomie strebte alles nach einer gewissen Einheit, nach dem Zurückführen aller Formen auf den einfachsten primitiven Typus. (Klar war man sich über die Be)deutung der Gebilde des vegetativen (Nervensystems für die Ausbildung) des Skeletts; nur für das (Gehirn ließ sich bis) jetzt kein so glückliches Resultat zeigen. (Wenn Oken) gesagt hatte: der Schädel ist eine Wirbelsäule, so mußte man auch sagen: das Hirn ist ein metamorphosiertes Rükkenmark, und die Hirnnerven sind Spinalnerven. Wie aber dies im einzelnen nachzuweisen sei, bleibt bis jetzt ein schweres Rätsel. Wie können die Massen des Gehirns auf die einfache Form des Rückenmarks zurückgeführt werden? Wie kann man die in ihrem Ursprung und Verlauf so verwikkelten Nerven des Gehirns mit den so gleichmäßig mit ihrer doppelten Wurzelreihe längs des Rükkenmarks entspringenden und im ganzen so einfach und regelmäßig verlaufenden Spinalnerven vergleichen, und wie endlich ihr Verhältnis zu den Schädelwirbeln dartun? Mancherlei Antworten wurden auf diese Fragen versucht. Eine besondere Mühe verwendete Carus darauf. Hier die Art, wie er die Hirnnerven in seinem Werke ›Von den Urteilen des Knochen- und Schalengerüstes‹ ordnet. Das Gehirn hat nach ihm drei Hauptanschwellungen: die Hemisphären, die Vierhügel und das kleine Gehirn. Diesen entsprechen drei Paar Schädelnerven. Jeder Schädelnerv entspringt gleich den Spinalnerven mit zwei Wurzeln, einer hinteren und einer vorderen, die sich aber nicht zu einem gemeinschaftlichen Stamm vereinigen, sondern jede für sich einen eigentümlichen Nerven bilden. Die drei hinteren Wurzeln sind nun der

Riech-, Seh- und Hörnerv, die vorderen dagegen das fünfte Paar, entsprechend dem Sehnerven, und das zehnte Paar, entsprechend dem Hörnerven, während die vordere Wurzel des (Riechnerven durch das infundibulum) nur rudimentär angedeutet ist. (Die übrigen Hirnnerven erweisen) sich als Unterabteilungen dieser (Hauptstämme. So zerfällt die hintere) Wurzel des zweiten Schädelnerven (in den opticus und patheticus) und die vordere in den facialis, oculomotorius (abducens und den) eigentlichen trigeminus, und so zerfällt die vordere Wurzel des dritten Schädelnerven in den glossopharyngeus, hypoglossus, accessorius Willis und eigentlichen vagus. Man braucht nur aufmerksam zu machen, wie unpassend es sei, zwei so deutliche Empfindungsnerven wie den vagus und trigeminus zu isolierten motorischen Wurzeln zu machen, um das Ungenügende dieser Anordnung nachzuweisen. Der bedeutendste Versuch ist wohl der, welchen Arnold machte. Er zählt zwei Schädelwirbel; daraus ergeben sich zwei Intervertebrallöcher und somit zwei Paar Schädelnerven. Die vordere oder die motorische Wurzel des ersten Schädelnerven bildet die drei Muskelnerven des Auges und die kleine Portion des trigeminus; die hintere dagegen die große Portion dieses Nerven. Was den zweiten Schädelnerven betrifft, so geht seine vordere Wurzel in den hypoglossus und den Beinerven und seine hintere

in den vagus über. Die Knoten des vagus und trigeminus entsprechen den Spinalknoten. Der facialis
wird zum vorderen, der glossopharyngeus zum
hinteren Schädelnerven gerechnet, ohne daß sie
jedoch einer von beiden Wurzeln beigezählt wür-
den; sondern sie werden als gemischte, aus Be-
wegungs- und Empfindungsfäden zusammengesetzte Nerven betrachtet. Die obere Augenhöh-
lenspalte und das zerissene Loch bilden die zwei
Intervertebrallöcher; das ovale und runde Loch
werden als zu der ersteren, das Gelenkhügelloch
als zu dem letzteren gehörig (betrachtet. Die Nerven des Gesichts), Geruchs und Gehörs machen
(eine besondere Gruppe aus; sie) werden nicht als
eigentliche (Hirnnerven, sondern als Ausstülpun-
gen des Gehirns betrachtet, (eine Anschauung,
die) auf ihre Entwicklung beim Fötus, ihren Man-
gel an Knoten, die den Spinalknoten entsprechen,
und auf ihr Unvermögen, eine andere Empfindung als die ihres eigentümlichen Sinnes zur Erkenntnis zu bringen, basiert wird. Gegen diese
Einteilung, welche sich, wie man auf den ersten
Blick sieht, im höchsten Grade durch ihre Ein-
fachheit empfiehlt, erheben sich jedoch mehrere
bedeutende Gründe, namentlich macht das Ab-
sondern der drei höheren Sinnesnerven Schwierigkeiten. Die passive Seite des Nervenlebens
erscheint unter der allgemeinen Form der Sensibi-
lität; die sogenannten einzelnen Sinne sind nichts

als Modifikationen dieses allgemeinen Sinnes, Sehen, Hören, Riechen, Schmecken sind nur die feineren Blüten desselben. So ergibt es sich aus der stufenweisen Betrachtung der Organismen. Man kann Schritt für Schritt verfolgen, wie von dem einfachsten Organismus an, wo alle Nerventätigkeit in einem dumpfen Gemeingefühl besteht, nach und nach besondere Sinnesorgane sich abgliedern und ausbilden. Ihre Sinne sind nichts neu Hinzugefügtes, sie sind nur Modifikationen in einer höheren Potenz. Das nämliche gilt natürlich von den Nerven, welche ihre Funktionen vermitteln; sie erscheinen unter einer vollkommneren Form als die übrigen Empfindungsnerven, ohne deswegen ihren ursprünglichen Typus zu verlieren. Jeder Empfindungsnerv charakterisiert sich aber bei den Wirbeltieren als ein aus den hinteren Marksträngen entspringendes Wurzelbündel, und somit sind die drei höheren Sinnesnerven nichts weiter als isoliert gebliebene sensible Wurzeln. Bei den Fischen wird dies Verhalten ziemlich deutlich, und bei den Cyprinen glaube ich ihren Ursprung von den hinteren Marksträngen oder den oberen Pyramiden gleich den übrigen Empfindungsnerven nachgewiesen zu haben. Übrigens würde mich die weitere Diskussion dieser Frage, über die noch vieles zu sagen wäre, zu weit führen.

...Es dürfte wohl immer verg(eblich sein, die Lösung des Problems in der) verwickeltsten

Form, nämlich bei dem (Menschen zu versuchen.) Die einfachsten Formen leiten immer am sichersten, (weil in) ihnen sich nur das Ursprüngliche, absolut Notwendige zeigt. Diese einfache Form bietet uns nun die Natur für dieses Problem entweder vorübergehend im Fötus oder stehen geblieben, selbständig geworden, in den niedern Wirbeltieren dar. Die Formen wechseln jedoch beim Fötus so rasch und sind oft nur so flüchtig angedeutet, daß man nur mit der größten Schwierigkeit zu einigermaßen genügenden Resultaten gelangen kann, während sie bei den niedrigen Wirbeltieren zu einer vollständigen Ausbildung gelangen und uns so die Zeit lassen, sie in ihrem einfachsten und bestimmtesten Typus zu studieren. Es frägt sich also in unserem Falle: Welche Schädelnerven treten bei den niedrigsten Wirbeltieren zuerst auf? wie verhalten sie sich zu den Hirnmassen und den Schädelwirbeln? und nach welchen Gesetzen wird, die Reihe der Wirbeltiere durch bis zum Menschen, ihre Zahl vermehrt oder vermindert, ihr Verlauf einfacher oder verwickelter? Faßt man nun die Tatsachen, welche die Wissenschaft uns bis jetzt an die Hand gibt, zusammen, so findet man neun Paar Schädelnerven, nämlich den olfactivus, opticus, die drei Muskelnerven des Auges, den trigeminus, acusticus, vagus und hypoglossus bei allen Klassen der Wirbeltiere, während die drei (übrigen Schädelnerven, nämlich der facialis, glossopharyngeus) und accessorius Willisii, bald (als selbständige Nerven ausgebildet sind, bald) nur als Äste des vagus (oder des trigeminus auftreten,) oder gänzlich verschwinden. (So tr)itt bei den Fischen der facialis als der Deckelast des 5. Paares auf, verschwindet dann bei der Mehrzahl der Reptilien und Vögel, und zeigt sich wieder bei den Säugetieren in dem Maße, als die Physiognomie mehr Ausdruck bekommt und die Nasenrespiration bedeutender wird. So tritt der glossopharyngeus bei den Fischen zwar als ein selbständiger Stamm auf, verhält sich jedoch durch seine Verteilung an die erste Kieme ganz wie ein Ast des vagus, verschmilzt dann bei den Batrachiern und Ophidiern mit dem vagus, dessen ramus lingualis er bildet, isoliert sich wieder bei den Cheloniern und bleibt endlich bei den Vögeln und Säugetieren ein selbständiger Nerv. So zeigt sich bei den Fischen und Batrachiern keine Spur von einem Beinerven, indem der vagus selbst die motorischen Fäden abgibt; erst bei den Sauriern, Cheloniern und Vögeln fängt er an, sich zu isolieren, und selbst bei den Säugetieren ist er im allgemeinen eigentlich nicht von dem vagus getrennt. Ich nenne diese drei Nervenpaare abgeleitete Nerven und betrachte sie, wo sie selbständig auftreten, als isolierte Zweige des vagus und trigeminus, deren Isolation von der mehr oder weniger gesteigerten Funktion ihres

Primitivnervenstammes abhängt. Damit wird das Problem viel einfacher, und (es erhebt sich nun die Frage: Wie lassen) sich die übrigen Paare auf den (Typus der Spinalnerven) zurückführen? – Jeder Spinalnerv entspringt, (wenn er den Rückenmarkkanal verläßt,) zwei Wurzelbündeln, einem vorderen, die Bewegung, (und einem) hinteren, die Empfindung vermittelnden. Beide Wurzeln vereinigen sich in einer gewissen Distanz vom Mark zu einem gemeinschaftlichen Nervenstamm. Je zwei Spinalnerven bilden durch ihre Insertion einen Markabschnitt, dem ein Wirbel entspricht. Dies das einfachste Verhältnis. Auf welche Weise kann nun dasselbe modifiziert werden?

1. Beide Wurzeln vereinigen sich nicht mehr zu einem gemeinschaftlichen Stamm, sondern jede bleibt isoliert und bildet einen eignen, rein motorischen oder rein sensibeln Nerven.

2. Beide Wurzeln vereinigen sich zwar, doch tritt eine partielle Trennung in ihren Fäden ein, so daß in den Ästen, welche der von ihnen zusammengesetzte Nerv abgibt, die motorischen und sensibeln Fäden nicht mehr gleichmäßig verteilt sind. Dies Verhalten bildet den Übergang zu dem vorhergehenden.

3. Eine von den Wurzeln avortiert, so daß sich nur die andere entwickelt.

4. So wie von den zwei Wurzeln jede einen besonderen Nerven bilden kann, so kann dieser

Nerv selbst wieder in mehrere isolierte Stämme zerfallen.

Auf diese vier Modifikationen nun lassen sich, wie ich sogleich nachweisen werde, die Unterschiede zwischen den Schädel- (und Spinalnerven zurückführen. Mit ihrer) Hülfe lassen sich sechs (Hirnnervenpaare unterscheiden,) denen entsprechend ich sechs Schädelwirbel (annehme, wie ich sie speziell bei den Fischen) gefunden zu haben glaube. (Die sechs) Paar Schädelnerven sind: der Zungenfleischnerv, der vagus, der Hörnerv, das 5. Paar, der Sehnerv mit dem Muskelnerv des Auges und der Riechnerv.

Nichts ist leichter, als nachzuweisen, daß der hypoglossus ursprünglich mit einer hinteren Wurzel und einem Spinalknoten versehen sei, und somit so gut als jeder andre Spinalnerv als ein selbständiger Nervenstamm betrachtet werden müsse. Bei den Fischen entspringt der letzte Schädelnerv mit einer vorderen breiten und einer hinteren feinen, mit einem Knoten versehenen Wurzel. Er tritt durch ein eigenes Loch aus der Schädelhöhle und teilt sich darauf in zwei Äste, einen vorderen und einen hinteren. Der vordere läuft, indem er einen Bogen bildet, nach vorn zu den Muskeln des Zungenbeins, der hintere vereinigt sich mit dem ersten Spinalnerven und geht zur vorderen Extremität. Die Bedeutung dieses Nerven als hypoglossus ergibt sich fast auf den ersten Blick, indem der vordere Ast dem Bogen, der hintere der ansa entspricht. Der Frosch liefert übrigens den direkten Beweis. Zwischen dem vagus und dem ersten Spinalnerven entspringt ein Nerv mit zwei Wurzeln, gerade wie bei den Fischen; er teilt sich ebenfalls in zwei Äste, einen (vorderen, der sich an die Muskulatur der) Zunge verteilt und (einen hinteren, der bei den Fischen und den höheren Wirbeltieren) zur vorderen Extremität geht. (Es ist ohne weiteres klar, daß dieser) Nerv dem hypoglossus der höheren Tiere enspricht, und (eben)so evident, daß er mit dem fraglichen Nerven der Fische identisch ist. Bei den Fischen und Fröschen erscheint also der hypoglossus als ein selbständiger Nerv (und zeigt) auf das deutlichste den Typus eines Spinalnerven. (Ja, noch) mehr, bei dem Frosch ist er eigentlich der erste Spinalnerv, indem der ihm entsprechende Schädelwirbel (sich) wieder in einen Rückenwirbel verwandelt hat und somit der vagus der letzte Gehirnnerv ist. Außerdem hat Mayer selbst bei verschiednen Säugetieren, und einmal sogar bei dem Menschen, eine feinere, hintere, mit einem Knötchen versehene Wurzel des hypoglossus gefunden. – Bei dem hypoglossus des Menschen tritt also die dritte der erwähnten Modifikationen ein: die Empfindungswurzel ist avortiert und nur die motorische hat sich entwickelt, ein Verhältnis, das übrigens schon bei dem Fisch und Frosch durch das Überwiegen der vorderen Wurzel über die hintere angedeutet ist.

Was den trigeminus anbelangt, so ist selbst bei dem Menschen, aus dem eigentümlichen Verhältnisse seiner portio major und minor, seine Analogie mit dem Spinalnerven unverkennbar und längst anerkannt.

(Ähnlich liegen die Verhältnisse bei den) Fischen, wo außerdem (eine enge Beziehung zwischen dem trigeminus und dem facialis besteht, und wo die eigen)artigen Gebilde des (ramus opercularis vorhanden sind, der als hauptsächlich motorischer Ast der vorderen Wurzel der) Spinalnerven entspricht.

(Mit dem) vagus hat die Sache bei den höheren Tieren mehr Schwier(igkeit), doch helfen auch hier die niederen Formen. So entspringt bei dem Hecht z. B. der vagus aufs deutlichste mit zwei Wurzeln, einer vorderen und hinteren, die sich erst nach ziemlich langem Verlauf bei ihrem Austritt aus der Schädelhöhle (vereinigen) und daselbst einen Knoten zeigen. Dieser Spinalknoten (des) vagus ist bei vielen Fischen von enormer Größe und findet sich, wie bekannt, noch bei dem Menschen. Vagus und trige(minus) bieten die zweite Modifikation dar, nämlich die partielle Trennung der motorischen und sensibeln Fäden in den Stämmen, in welche diese Nerven sich teilen, nämlich den facialis, glossopharyngeus und accessorius Willisii, wie ich bereits gezeigt habe. Im vagus wird diese Trennung vollständiger als beim trigeminus, wenigstens scheint dies aus dem Verhältnis des Beinerven zum vagus hervorzugehen, indem letzterer wirklich ohne alle motorische Fäden zu sein scheint. – Das 10. und 5. Paar zeigen in der ganzen Reihe der Wirbeltiere eine auffallende Symmetrie. Der vagus verhält sich zur Brust- und Bauchhöhle wie der trigeminus zur Wiederholung dieser Höhlen am Kopf, nämlich der Mund- und Nasenhöhle. Kurz, der trigeminus ist ein vagus in einer höheren Potenz. Dies Verhältnis wird bei den Säugetieren besonders deutlich. Das 10. Paar teilt sich in drei Nervenstämme, den accessorius Willisii, den eigentlichen vagus und den glossopharyngeus; das 5. Paar ebenfalls in drei, den facialis, den (eigentlichen trigeminus und den Zungenast des trigeminus, den) man ebensogut als (vollständig selbständigen Nerven auffassen kann.) Wie der accessorius Willisii Atemnerv (des Halses und eines Teiles der Brusthöhle ist, so ist) der facialis Respirationsnerv des Kopfes; wie der (Vagusstamm der Empfindungsnerv des) Darmkanals ist, so ist der Zungenast des trigeminus (der sensible Nerv der Zunge,) diesem vollkommensten Teile des Darmkanals, diesem Organe (des Eingeweidesinnes,) wie Oken so sinnreich den Geschmack nennt. Endlich wie (der vagus den) glossopharyngeus als (Geschmacks)nerven zur Zunge, so schickt der trigeminus den (getrennt verlaufenden ophthalmicus) als Hülfsnerven (zur Nase) und dem Auge.

Es bleibt mir jetzt noch die Analogie der drei höheren Sinnesnerven mit den Spinalnerven nachzuweisen. Der acusticus und olfactivus sind als hintere Wurzeln zu betrachten, deren vordere avortiert ist. Die Analogie, woraus ich dies schließe, liefert der hypoglossus, dessen hintere bei den Fischen, Fröschen und manchen Säugetieren vorkommende Wurzel bei dem Menschen avortiert, während nur die vordere sich entwikkelte. Das Umgekehrte ist bei dem acusticus und olfactivus der Fall; nur die hintere Wurzel entwikkelt sich, und die vordere avortiert. Für beide wird die motorische Wurzel durch den facialis ersetzt. Für den acusticus erklärt sich dies leicht, wenn man bedenkt, in welchem Verhältnis der dem facialis entsprechende Deckelast der Fische zu der Kiemenhöhle steht. Oken hat nämlich nachgewiesen, das Ohr mit Ausnahme des Labyrinths sei nur eine metamorphosierte Kiemenhöhle, und so sieht man leicht, daß die Fäden, welche der facialis bei Vögeln und Säugetieren dem äußeren und inneren Ohr gibt, das Verhältnis des Deckelastes zur Kiemenhöhle wiederholen.

In dem Sehnerven und den Muskelnerven des Auges treten endlich beide Wurzeln als isolierte Nerven auf, die hintere als 2., die vordere als 3., 4. und 6. Paar, indem diese letzteren der vierten Modifikation, (wo eine Wurzel wieder in besondere isolierte Nervenstämme zerfällt, entspricht.) Das 3. und 6. Paar (entspringen ganz nahe beieinander und ungefähr auf gleicher Höhe,) das eine vor dem (andern, und bilden so zwei Fäden einer gemeinsamen Wurzel,) von denen der eine (etwas früher als der andere aus dem) Mark tritt. Das 4. Paar macht dagegen größere Schwierigkeiten,) doch sein Verhalten bei manchen Fischen hebt sie größtenteils. (Es entspringt bei) den Cyprinen und dem Hecht vom äußeren Rand der vorderen Pyrami(denstränge,) folglich vom nämlichen Markstrang wie das 3. und 6.

In dem (Augen)muskelnerv erreicht der Nerv als solcher seine höchste Entfaltung; (er verhält) sich, um ein Beispiel zu geben, zu den übrigen Nerven wie der Huf (des Pferdes) zu der Hand des Menschen. Was in dem ersteren noch verbunden liegt, glie(dert) sich in der letzteren im schönsten Verhältnis ab. Diese Entwicklung fällt mit der Bedeutung des Auges zusammen, von dem Oken wahrhaftig mit Recht (sagt,) es sei das höchste Organ, die Blüte oder vielmehr die Frucht aller organischen Reiche.

So wären denn sechs Paar Schädelnerven gefunden: 1. der Riechnerv, 2. der Sehnerv, mit dem 3., 4. und 6. Paar, 3. der trigeminus, 4. der acusticus, 5. der vagus, 6. der hypoglossus.

Ihre rechte Begründung kann übrigens diese

Einteilung der Schädelnerven erst durch die Vergleichung mit den Schädelknochen erhalten. Diese jedoch auszuführen und nachzuweisen, wie ich diesen sechs Paaren sechs Schädelwirbel entsprechend gefunden zu haben glaube, erlaubt die Zeit nicht.

Vergleicht man endlich die Schädelnerven untereinander, so findet man, daß sie sich in zwei Gruppen teilen. Die eine, gebildet vom acusticus und opticus, diesen Nerven des Schalls und des Lichts, ist der reinste Ausdruck des animalen Lebens; die andere, bestehend aus dem hypoglossus, vagus, trigeminus und olfactivus, erhöht das vegetative zum animalen Leben. So werden wir uns des Aktes der Verdauung und der Respi(ration durch den vagus bewußt, so wird die Zunge als) ein wesent(licher Bestandteil des Verdauungskanals durch den Einfluß) des hypoglossus dem Willen (unterworfen und dadurch ein) wahres Glied des Kopfes; so entwickeln sich (Geschmack und Geruch) als die Sinne des Darm- und des Atemsystems (unter dem) Einflusse des trigeminus und des olfac(tivus. Die Nerven) dieser letzteren Gruppe unterscheiden sich jedoch dadurch (nicht) wesentlicher von den übrigen Spinalnerven als die Lendennerven, welche zu den Organen der Zeugung gehn. Die ersteren verhalten sich zur Verdauung und Respiration wie die letzteren zu den Geschlechtsverrichtungen. Außerdem sind ja alle Spinalnerven durch ihren Einfluß auf die Respirationsbewegungen ebenfalls an das vegetative Leben geknüpft...